Wouter Klootwijk
Adris Hotel

Wouter Klootwijk

Adris Hotel

Mit Zeichnungen von Philip Hopman

Aus dem Niederländischen
von Silke Schmidt

anrich

Titel der niederländischen Originalausgabe:
DE H VAN ADRI

Alle Rechte der deutschsprachigen Ausgabe:
© 1996 Anrich Verlag GmbH, Weinheim
Einbandillustration: Philip Hopman, Amsterdam
Einbandgestaltung: Bayerl & Ost GmbH, Frankfurt
Satz: Satz- und Reprotechnik GmbH, Hemsbach
Druck und Bindung: Druckhaus Beltz, Hemsbach
ISBN 3-89106-287-7

Das Haus am anderen Ufer

Martje und Adri sitzen unter der Brücke. Es scheint, als hätten Enten immer Hunger. Martje wirft ihnen alte Brotstückchen zu. Als die Tüte leer ist, sind die Enten immer noch da und warten auf mehr.

„Alle", ruft Adri.

Das verstehen die Enten. Sie schwimmen weg. Der Tag kann beginnen. Sie können etwas machen.

„Da drüben steht ein Haus", sagt Adri, „auf der anderen Seite vom Kanal, in der Richtung da."

„Woher weißt du das?" fragt Martje. „Ich sehe kein Haus."

„Traust du dich, auf das Brückengeländer zu klettern?"

„Nein."

„Dann kannst du das Haus auch nicht sehen."

„Kann man es denn sehen, wenn man auf dem Brückengeländer steht?"

„Komm mit, ich halte dich fest."

Adri und Martje kriechen unter der Brücke hervor. Adris Brücke, wie Martje sie nennt. Hier hat sie ihn zum ersten Mal gesehen. Seitdem findet man sie immer zusammen dort. Und meistens ist Wim auch noch dabei. Drei Freunde, die sich jeden Tag unter der Brücke treffen. An einem Platz, den außer ihnen niemand kennt.

Wim ist noch nicht da.

Adri klettert die Böschung hoch, Martje kriecht hinter ihm her.

Auf der Brücke stellt Adri sich mit dem Rücken ans Geländer. Er legt die Hände ineinander und hält sie vor den Bauch.

„Du mußt dich an meinem Kopf festhalten. Dann stellst du einen Fuß in meine Hände und steigst so auf das Geländer."

„Und wenn ich runterfalle?"

„Dann fällst du, aber du fällst nicht, denn ich halte dich an den Beinen fest."

Martje klettert auf das Geländer.

„Halt mich aber fest, ich habe Angst."

„Du hast keine Angst." Adri schlingt seine Arme um Martjes Beine.

„Jetzt mußt du in die Richtung gucken."

„Ich traue mich nicht, zu gucken."

„Du mußt aber gucken, sonst hast du nichts davon, und dann laß ich dich los."

„Nicht loslassen, ich guck ja schon. Wohin?"

„Genau dahin, deine Nase zeigt genau in die Richtung."

„Ja, jetzt seh ich es, ein Stück vom Dach. Ein Haus. Es ist ein großes Haus, glaube ich, aber jetzt will ich wieder runter."

„Spring!" sagt Adri und läßt Martje los. Aber sie merkt es nicht mal. Mit einem Sprung hüpft sie auf die Brücke zurück.

„Komisch, daß wir gar nicht wußten, daß dort ein Haus steht."

„Das ist wegen der großen Sträucher."

„Drüben am anderen Ufer?"

„Ja, da sind wir noch nie langgegangen. In die andere Richtung schon, aber in die Richtung noch nie."

„Nein, das geht auch nicht, es sind Brombeersträucher, da kommen wir nicht durch."

Über Adris Schulter sieht Martje Wim kommen. Sie läuft ihm entgegen.

„Wußtest du, daß da drüben am anderen Ufer ein Haus steht?"

„Nein, da steht kein Haus, da hab ich noch nie ein Haus gesehen. Oder ist es neu?"

„Du kannst es auch nicht sehen. Nur, wenn du auf dem Brückengeländer stehst."

„Auf dem kann man nicht stehen, da fällt man runter."

„Ich kann drauf stehen und Adri auch."

„Dann kann ich das wahrscheinlich auch, aber heute nicht."

„Du traust dich nicht", behauptet Martje.

Adri stellt sich wieder mit dem Rücken ans Geländer, und Wim klettert nach oben. Er traut sich nicht, aber er tut es. „Halt mich gut fest!" sagt er.

Adri schlingt seine Arme um Wims Beine.

„So hat er mich auch festgehalten", erzählt Martje.

„Und wer hat Adri festgehalten?"

„Ich nicht." Martje sieht Adri an.

„Keiner", sagt Adri. „Du mußt in die Richtung gucken."

„Ja, jetzt seh ich es, ein Stück von einem Dach. Es ist ein altes Haus."

Wim springt vom Geländer herunter.

„Sollen wir mal zu dem Haus gehen?"

„Vor dem stehen ganz große Brombeersträucher, da kommen wir nicht durch", antwortet Martje.

„Aber dort wohnen doch Leute?"

„Die kommen von der anderen Seite", erklärt Adri, „aber wir können nicht von der anderen Seite kommen, weil wir auf dieser Seite sind."

„Hast du dir die Brombeersträucher schon mal richtig angeguckt?" fragt Wim. „Ich glaube,

die Zweige wachsen in Bögen, vielleicht können wir ja unter ihnen durchkriechen."
Sie laufen zu den Brombeersträuchern.
„Sie haben wirklich eine Menge Dornen",
stellt Martje fest.
Adri kniet schon auf dem Boden und unter-
sucht den Strauch.

Die Brombeersträucher

„Ja, es sieht aus wie ein Durchgang. Kommt!"
Adri krabbelt auf den Knien in die Brombeersträucher. Martje robbt hinter ihm her, und
dann kommt Wim. Langsam kriechen sie
durch das Gestrüpp. Von der Straße aus kann
sie keiner mehr sehen.
„Au", ruft Adri plötzlich.
„Was ist?"

„Ich blute. Ich habe einen Kratzer im Gesicht, von einem Dorn. Wir können nicht weiter."

„Müssen wir jetzt wieder umkehren?"

„Ja, wir müssen wieder umkehren."

„Au", schreit Martje, „ich kann mich nicht umdrehen, und außerdem hängen meine Haare fest, au."

„Dann eben rückwärts. Wim, kannst du zurückkriechen?"

„Au", antwortet Wim.

Adri bricht in Lachen aus.

„Das ist nicht lustig", sagt Martje böse.

„Jetzt fang bloß nicht an zu heulen."

„Ich fange nicht an zu heulen, wenn du aufhörst zu lachen."

Langsam kriechen sie rückwärts zurück. Es ist, als wollte sie der Strauch festhalten. Immer wieder bleiben sie an den Brombeerdornen hängen, und als sie endlich auf der Straße stehen, sind sie alle drei total zerkratzt. An den Armen, den Beinen und im Gesicht. Adri blutet sogar im Gesicht. Aber er lacht.

„Es geht nicht", stellt Wim fest.

„Es geht doch", widerspricht Adri, „ihr werdet es schon sehen."

„Ich krieche hier nicht mehr durch", erklärt Martje.

„Ich auch nicht", ruft Wim.

„Bis morgen", sagt Adri nur und läuft mit den Händen in den Taschen davon.

Wim und Martje starren ihm hinterher.

„Er hat sich was ausgedacht", meint Wim.

„Ja, ich weiß."

„Wenn er sich nicht auf das Brückengeländer getraut hätte, hätte er das Haus nicht gesehen", fährt Wim fort.

Martje nickt. „Und jetzt haben wir es auch gesehen."

„Ja, schlimm, nicht? Denn jetzt müssen wir dorthin. Manchmal muß man etwas entdecken."

„Ja, das muß man." Martje streicht über ihren zerkratzten Arm. „Aber manchmal wünschte ich, wir würden einfach nur unter der Brücke sitzen und nichts tun."

„Quatsch, das ist doch was für alte Männer. Die sitzen jeden Tag auf einer Bank und starren vor sich hin. Ohne zu reden."

„Ja, weil sie schon alles gesehen und getan haben", sagt Martje.

„Aber wir nicht. Wir müssen das noch", erklärt Wim.

Drei dicke, kleine Männchen

Wim sitzt unter der Brücke. Martje rutscht die Böschung runter.

„Ist Adri schon da?"

„Nee, noch nicht gesehen."

„Was er sich wohl ausgedacht hat, um zu dem Haus zu kommen?"

„Keine Ahnung. Mein Vater hat gestern schrecklich geschimpft, weil ich ganz zerkratzt war. Ich darf nicht mehr zu den Brombeersträuchern gehen."

„Schade, dann erfahren wir nie, was das für ein Haus ist", stellt Martje bedauernd fest.

„Nein", sagt Wim, „ich nicht, aber Adri vielleicht."

Plumps.

Martje und Wim springen hoch. Von der Brücke ist ein großer Pappkarton nach unten gefallen.

Adri rutscht die Böschung herunter. Er sieht merkwürdig aus. Ganz dick.

„Ich hab zwei Hosen an und ein Hemd und

einen Pullover und darüber noch die alte Jacke von meinem Vater. Durch die Jacke geht nichts durch."

Martje kichert. „Du siehst aus wie im Winter."

Adri läuft zu dem Karton. Er macht ihn auf und zieht lauter Kleider heraus. Hosen und Jacken.

„Die müßt ihr anziehen. Jeder zwei Hosen und zwei Jacken, wenn es geht."

„Warum?"

Adri gibt keine Antwort. Er bückt sich und holt noch etwas aus dem Karton.

„Zangen?" fragt Wim erstaunt.

„Zwei alte Gartenscheren und eine Kneifzange", erklärt Adri.

„Ich verstehe", ruft Wim, „wir schneiden einen Weg durch die Sträucher, einen Tunnel. Schade, daß ich nicht darf."

„Wer sagt das?"

„Mein Vater. Er war sauer, weil ich ganz zerkratzt war, und jetzt darf ich nicht mehr in den Brombeersträuchern herumkriechen."

„Aber jetzt kriegst du doch keine Kratzer mehr. Hier, nimm diese Hose, und die andere ziehst du noch darüber, und die hier sind für Martje."

„Sie sind viel zu groß", stellt Martje fest.

„Ich hab ein Seil dabei, damit binde ich sie um

deine Taille fest, und die Hosenbeine schlagen wir einfach um."

Wim und Martje ziehen alle Kleider an, die Adri mitgebracht hat. Martje stopft ihren Rock in die viel zu weite Hose. Jetzt sehen sie alle drei aus wie dicke, kleine Männchen. Adri gibt Martje die Kneifzange, und er und Wim nehmen jeder eine Gartenschere.

„Jetzt noch die Handschuhe."

Martje guckt in den Karton und holt drei Paar bunte Handschuhe heraus.

„Von meinem Onkel", erzählt Adri. „Arbeitshandschuhe für schwere Arbeit. Wenn man Steine schleppen muß und so."

Die Handschuhe sind viel zu groß. Martje winkt Wim damit zu. Wim fällt vor Lachen gegen die Böschung. Dann müssen Martje und Adri auch so laut lachen, daß sie vor lauter Kichern übereinanderkugeln. Drei dicke Puppen.

Sie gehen wieder zu den Brombeersträuchern. Hintereinander kriechen sie durch das Tor. Adri vorneweg, Martje hinterher und zum Schluß Wim.

„Eigentlich darf ich nicht", murmelt Wim.

„Quatsch", widerspricht Adri. „Du darfst keine Schrammen haben, und du bekommst keine Schrammen."

„Nein, ich merke nichts", stellt Martje fest, „die Dornen kommen nicht durch die Kleider durch."

Adri schneidet einen Zweig durch und schiebt ihn vorsichtig zur Seite. Martje paßt auf, daß sich die hervorstehenden Zweige nicht in ihren Haaren verfangen. Mit der Zange knipst sie kleine Stücke davon ab.

Wim vergrößert den Durchgang mit seiner Schere. Er denkt an den Rückweg. Sie kommen nur langsam vorwärts. Manchmal ist der Strauch ganz dicht, und dann müssen sie lange schneiden, ehe sie weiterkönnen. Aber manchmal sieht es so aus, als wäre schon ein Tunnel dagewesen. Dann können sie ein Stück weiter-kriechen, ohne zu schneiden.

„Wenn ich ein Kaninchen wäre, fände ich es ganz normal, mich so vorwärts zu bewegen", meint Martje. „Die laufen immer so."

Wim grinst. „Aber ohne Handschuhe und Kneifzange."

„Und ein Kaninchen kann nichts finden", fügt Adri hinzu.

„Wieso nichts finden?"

„Das hier zum Beispiel."

Adri dreht sich um. Er hält etwas in der Hand. Eine seltsame Flasche. So eine Flasche haben sie noch nie gesehen.

„Die ist ganz alt, glaube ich", sagt Wim. „Mein Vater sammelt alte Flaschen. Sieben hat er schon."

„Acht", sagt Adri, „denn die hier bekommt er auch noch."

Er verstaut die Flasche in einer seiner Hosen-taschen.

„Wir können ganz viel finden", stellt Martje fest. „Wir haben ganz viele Hosentaschen."

Otel

„Uff", stöhnt Wim. „Ich habe keine Lust mehr, wie ein Kaninchen zu laufen. Ob es noch weit ist?"

„Ich sehe schon Licht", antwortet Adri. „Ich glaube, da vorne hört der Strauch auf."

Zweige abknipsend kriechen sie weiter, und es scheint noch Stunden zu dauern.

Dann hört der Strauch plötzlich auf. Sie sind da.

Adri richtet sich auf und starrt zu dem Haus hinüber.

„Heh, Adri, geh weiter, wir wollen auch raus", ruft Martje hinter ihm. „Oh, was für ein schönes Haus!"

„Was für ein altes Haus", sagt Wim, der als letzter aus den Sträuchern krabbelt. „Kommt, wir …"

„Warte!" Adri hält ihn zurück. „Erst die Sachen ausziehen. Wir verstecken sie unter dem Strauch. Für den Rückweg."

Drei dicke Männchen verwandeln sich in einen

dünnen Wim, einen dünnen Adri und eine dünne Martje. Sie stopfen die Kleider unter den Strauch und legen die Zange und die Scheren dazu.

„Ich muß mal", sagt Martje.

„Okay, du kannst ja dann nachkommen." Wim macht Anstalten zu gehen.

„Nein, wartet!" ruft Martje. „Ich will nicht alleine hierbleiben."

„Ich muß auch", sagt Adri.

Sie starren zu dem Haus hinüber, dem schönen, stillen, alten und ein bißchen kaputten Haus.

„An der Wand steht etwas geschrieben", stellt Martje fest. „Was steht da, Wim?"

„OTEL", liest Wim vor, „es heißt OTEL."

„Und wenn Leute drin wohnen, was dann?"

„Es wohnt jemand drin." Adri zeigt auf die Wäscheleine. „Seht ihr, da hängt ein Kleid."

„Dann trau ich mich nicht", erklärt Wim.

Adri grinst. „Ich hab eine Idee: Wir fragen einfach nach Wasser."

Von weitem sieht es aus wie ein normales Haus. Aber als sie näherkommen, wird es immer größer. Es wird ein Riesenhaus.

„Hier könnten wir gut zu dritt wohnen", stellt Wim fest.

„Mit unseren Eltern?" Adri lacht.

„Ja, das wäre doch schön, dann könnten wir immer …" Martje weiß auch nicht genau was, aber zusammenzuwohnen erscheint ihr eine wundervolle Idee.

„Mein Vater brät aber jeden Tag Fisch", gibt Adri zu bedenken. „Das mögen Wims Eltern bestimmt nicht. Das stinkt, sagen die Leute."

„Meine Mutter nicht", beruhigt ihn Martje.

„Bekommen wir dann jeden Tag Fisch? Warmen Fisch? Ich finde es lecker, wenn dein Vater ihn gerade gebraten hat."

„Wir wohnen hier aber nicht zu dritt", erinnert sie Wim.

„Ach nein, stimmt." Martje seufzt.

Sie gehen langsam um das große Haus herum. Überall an der Mauer ranken sich Sträucher hoch. Kletterrosen. Auch vor den Fenstern wachsen Rosen.

Sie sehen niemand. Und sie hören nichts.

„Kein Hund da", stellt Adri fest. „Sonst würde er jetzt bellen."

„Und wir wären schon totgebissen", fügt Wim hinzu.

„Es gibt auch liebe Hunde", meint Martje.

„Mir ist kein Hund noch am liebsten", erklärt Adri. „Guckt mal, da vorne."

Sie sind jetzt hinter dem Haus. Adri zeigt auf eine schwere Holztür. Sie steht einen Spalt auf.

Daneben liegen zwei Katzen und schlafen. Plötzlich springen sie auf und schlüpfen durch die Tür.

„Sollen wir …"

„Nein."

„Aber …"

„Nein."

„Ich guck nur mal schnell", sagt Adri.

„Das darfst du nicht, du mußt erst anklopfen", erklärt Wim.

„Nein, nur wenn die Tür zu ist, muß man anklopfen. Die Tür steht aber auf."

„Ja, sie steht auf, geh mal gucken!" sagt Martje.

Adri streckt seinen Kopf um die Türecke. Danach die Schultern, und dann ist er plötzlich ganz drinnen.

Wim und Martje starren auf die Türöffnung.

„Was siehst du?" fragt Martje.

Keine Antwort.

„Adri!" ruft Wim.

Aber Adri sagt nichts. Es ist, als wäre er verschwunden.

„Ich geh auch mal gucken", beschließt Martje.

„Gut, dann komm ich mit", sagt Wim, „aber dürfen tun wir das nicht."

Martje ist als erste im Haus. „Oh Wim, guck

doch mal! Was für ein großes Zimmer! Und die ganzen Töpfe."

„Eine Küche", stellt Wim fest.

Die Wände und der Boden sind weiß gekachelt, in der Mitte steht ein großer, silberner Herd, und überall blinken Töpfe. Riesige, silberne Töpfe.

„Ich habe noch nie so große Töpfe gesehen", bemerkt Martje staunend.

„Ich glaube, das ist eine Küche für ganz viele Leute, ein Krankenhaus oder so." Wim sieht sich um. „Aber wo ist Adri?"

Martje stößt einen Schrei aus.

„Wim, guck mal da! Der Topf, der Deckel."

Wim bricht in Lachen aus.

„Ich weiß, wo Adri ist", erklärt er grinsend. „Mal gucken, ob er schon gar ist."

Der Deckel des großen Topfes geht jetzt ganz hoch und fällt mit lautem Scheppern auf die Fliesen. Adri steht aufrecht im Topf. „Eine schöne Küche", sagt er. „Die könnte mein Vater gut gebrauchen."

„In dem Topf könnte man auch ein kleines Kind waschen", überlegt Martje. „Guckt mal, die Katzen! Sie sitzen unter dem Herd."

Die dicke Frau

„Ich dachte mir doch, daß ich etwas gehört hätte. Hallo."

Wer sagt das? Martje sieht Wim an, Wim sieht Adri an, Adri verschwindet wieder in dem Topf, weg ist er.

Ohne daß sie es gemerkt haben, ist hinten in der Küche eine Tür aufgegangen. Eine dicke Frau steht oben an einer kleinen Treppe und schaut zu ihnen herunter.

Hat sie ein Gewehr in der Hand? Nein. Guckt sie böse? Nein, zum Glück, sie guckt nicht böse.

„Habe ich Besuch?" fragt sie.

„Ein Glas Wasser, bitte", antwortet Wim.

„Guten Tag, wir haben Durst, wir kommen gerade aus den Brombeersträuchern", erzählt Martje.

„Setzt euch doch!" sagt die Frau.

Sie geht zu einem riesigen Holztisch, auf dem lauter Messer und lange Löffel liegen und ein Quirl, der so groß ist wie ein Brot.

Martje bleibt stehen. Sie starrt auf den Topf, in dem Adri sich versteckt hat.

„Wir sind zu dritt", erklärt sie.

Die Frau macht ein erstauntes Gesicht. Dann sieht sie hinter Martje Adris Kopf über dem Topfrand auftauchen. Sie lacht. Adri klettert aus dem Topf.

„Ich wußte gar nicht, daß man in einem Topf wohnen kann", sagt er, „sind Sie Frau Otel?"

„Wer, ich? Nein, wieso?"

„An dem Haus steht doch OTEL."

„Ach, das meinst du, das heißt eigentlich Hotel, aber das H ist heruntergeweht. Das Haus hier ist nämlich ein Hotel, aber es kommt nie jemand, und das ist auch besser so, denn ich bin ganz allein."

„Ein Hotel?" wiederholt Wim. „Mein Vater schläft manchmal in einem Hotel, und dann ruft er abends vom Bett aus an. Kann man hier auch vom Bett aus anrufen?"

„Allein?" fragt Martje die Frau.

„Wartet, ihr wolltet doch Wasser, dann werde ich jetzt mal Tee machen, okay?"

„Tee ist warmes Wasser", antwortet Adri.

„Wir brauchen nur Wasser", erklärt Wim.

„Tee", sagt die Frau.

Sie geht die kleine Treppe hoch und verschwindet durch die Tür. Sie bleibt lange weg.

„Was sie jetzt wohl macht?" überlegt Martje.

„Tee aufsetzen", sagt Wim.

„Aber das kann sie doch auch hier", meint Adri. „Seht euch bloß den großen Wasserkessel an."

„Aber nicht reinklettern", hält Martje ihn zurück, „da paßt du nicht rein, glaube ich."

„Nur mit dem Kopf …"

„Nein, nicht", sagt Wim, „vielleicht wird sie dann böse. Jetzt ist sie nicht böse, aber sie kann es ja noch werden."

„Ich glaube, sie ist nett", meint Martje.

Die Katzen, eine schwarze und eine gefleckte, kommen unter dem Herd hervor. Sie schnuppern an Martjes Knien.

Der Kapitän

Die Tür öffnet sich quietschend. Die dicke Frau kommt mit einem Tablett voller Tassen und einer Teekanne herein.

„Gibt es hier noch mehr Küchen?" fragt Wim.

„Ja, das hier ist die große Küche. Die benutze ich nie. Die ist noch von früher, als es noch Hotelgäste gab. Ich wohne auf der Vorderseite des Hauses. Dort habe ich eine kleine Küche und zwei Zimmer. Aber jetzt müßt ihr mir erst einmal erzählen, wer ihr seid, wie ihr hierherkommt und was ihr hier macht."

Die Frau setzt sich.

Wim erzählt, wie sie entdeckt haben, daß hier ein Haus steht. Und daß sie es aus der Nähe sehen wollten, und daß ganz viele Brombeersträucher davorstanden, durch die man nur mit dicken Kleidern und Zangen durchkommt.

„Das ist ja prima", meint die Frau, „dann kann ich gleich mit euch durch die Brombeerstraucher kriechen. Früher war da mal ein richtiger Weg, aber der ist inzwischen zugewachsen."

„Das geht nicht", sagt Adri.

„Was geht nicht?" fragt Martje.

Adri gibt keine Antwort und wird rot.

„Was geht nicht?" fragt die Frau.

Adri sieht Wim an und bläst die Backen auf.

Wim versteht, was er meint.

„Wir denken, daß äh … große Leute nicht durch die Brombeersträucher äh … passen."

Jetzt versteht Martje auch.

„Sie sind zu dick", erklärt sie.

Die Frau lacht. „Ja, natürlich, das hatte ich ganz vergessen. Ihr habt recht, dann bleibe ich mit meinem dicken Hintern stecken."

Adri seufzt. Ein Glück, auch das ist gutgegangen. Die Frau ist noch immer nicht böse.

Vielleicht hat Martje ja recht, vielleicht ist sie wirklich nett.

„Ich heiße Maria", stellt sich die dicke Frau vor.

„Das geht nicht", sagt Adri wieder, „so heißt meine Mutter schon."

„Pff, so heißen fast alle Frauen", erklärt Wim.

„Still", zischt Martje.

„Soll ich euch etwas über das Hotel erzählen?" fragt die Frau.

Adri, Wim und Martje nicken.

„Eigentlich heißt es Hotel Kapitän", beginnt die Frau. „Aber das haben wir nie drangeschrieben. Es war mehr ein Scherz. Ich bin nämlich verheiratet, müßt ihr wissen. Mit einem Kapitän. Eines Tages ging er am Hafen entlang, und ich fuhr mit dem Rad an ihm vorbei. Er hat nicht richtig aufgepaßt und ich auch nicht, und so sind wir zusammengestoßen. Später haben wir dann geheiratet, und er wollte für immer bei mir bleiben und nicht mehr zur See fahren, denn dann ist man so lange von zu Hause weg. Er hat das Hotel hier gekauft, und wir nannten es Hotel Kapitän. Er kann

31

sehr gut kochen, mein Mann. Ich habe mich um das Hotel gekümmert und er sich um die Küche. Es war harte Arbeit. Aber es hat Spaß gemacht. Doch dann hat er immer öfter gesagt, er fände die Leute, die zum Übernachten hierher kamen, so gräßlich. Sie waren manchmal aber auch wirklich gräßlich. Immer hatten sie etwas zu meckern. Natürlich habe ich schon mal vergessen, einen kleinen Löffel neben die Tasse zu legen. Und dann konnten sie nicht umrühren. Na, da waren sie vielleicht böse, ihr hättet sie hören müssen. Sie ließen mich den ganzen Weg zurückkommen, und dann sagten sie: ‚Was glauben Sie wohl, wie ich meinen Kaffee umrühren soll, mit den Fingern vielleicht?‘ Wenn mein Mann das zufällig hörte, hat er sich vor ihren Tisch gestellt, seine Finger in die Tasse gesteckt und damit den Kaffee umgerührt. Danach sind die Leute sofort abgefahren. Ohne zu bezahlen.

Mein Mann ist eigentlich ein fröhlicher Mensch. Aber im Laufe der Zeit wurde er immer trübsinniger bei all den Menschen um uns herum, bei all der Nörgelei. Einmal hatte er zum Beispiel drei große Apfelkuchen gebakken, und es gab warmen Apfelkuchen. ‚Warmer Kuchen? Bah, nein danke‘, sagten manche Gäste. Und dabei war es so ein leckerer Kuchen!

Und dann die Leute, die den ganzen Tag in einem fort redeten. Am liebsten über sich selbst. Harry, der Chefredakteur, war besonders schlimm. Wenn mein Mann mit seiner weißen Kochmütze durch das Hotel lief, und Harry sah ihn, dann fing er an, von sich zu erzählen, und mein Mann traute sich nicht wegzulaufen, obwohl die Geschichte überhaupt kein Ende nahm. Und dann stand das Essen zwei Stunden zu spät auf dem Tisch.

Und eines Tages hat er dann zu mir gesagt: ‚Maria‘, hat er gesagt, ‚ich fahre wieder zur See.‘ Ich habe geweint. Und er fuhr wieder zur See. Manchmal ist er ein paar Wochen hier. Manchmal nur zwei Tage. Er transportiert Bananen. Mit einem großen, weißen Schiff. Er holt die Bananen von der anderen Seite der Welt und bringt sie hierher. Er ist wieder fröhlich geworden. Aber allein konnte ich das Hotel nicht mehr führen. Ich habe einfach alles so gelassen, wie es war.

So, jetzt wißt ihr alles. Nur noch nicht, daß ich tausend Flaschen Wein im Keller habe. Jeden Abend mache ich eine Flasche auf, und jeden Morgen sehe ich, daß wieder eine leer ist. Es ist ein guter Wein, wirklich. Wartet, ich hole eine Flasche rauf.“

Spät zu Hause

Adri, Martje und Wim sind still. Martje hat das Gefühl, als ob sie gleich weinen müßte. Denn eine besonders fröhliche Geschichte ist es nicht. Eigentlich klingt sie traurig. Oder nicht? Martje weiß es auch nicht genau.

Die dicke Frau öffnet eine Luke im Boden und verschwindet durch das Loch. Man hört sie eine Treppe hinuntergehen.

Dann ruft sie etwas.

Wim steht auf und guckt in das Loch.

„Neben der Luke ist ein Schalter. Kannst du den mal umdrehen? Ich sehe kaum noch was, es wird schon dunkel."

Wim dreht den Schalter um. Im Keller geht eine Lampe an.

„Dunkel?" wiederholt Wim plötzlich erschrocken. „Es wird schon dunkel? Dann müßten wir ja längst zu Hause sein! O je, jetzt krieg ich wieder einen auf den Deckel, es ist schon viel zu spät."

Die Frau kommt aus dem Keller zurück. In der Hand hält sie eine Flasche Wein.

„Ihr dürft gerne hierbleiben, aber das geht wohl nicht so einfach, was?"

Wim schüttelt den Kopf. „Nein, das dürfen wir nicht."

„Das darf Wim nicht", verbessert Adri ihn. Er hätte große Lust, noch eine Weile bei der Frau zu bleiben. Er will mehr Geschichten hören. Über den Kapitän. Aber wenn Wim nach Hause muß, gehen sie alle drei.

„Los, beeilt euch!" sagt Wim.

„Wir kommen wieder", verspricht Martje.

Sie laufen hinaus in die Dämmerung. Als sie vor den Brombeersträuchern stehen, macht es plötzlich „plopp". Das Geräusch kommt aus dem Haus.

„Das war der Korken", sagt Adri, „sie hat die Weinflasche aufgemacht."

„Dann sind es keine tausend Flaschen mehr", stellt Wim fest.

Sie vergessen, daß sie Kleider versteckt haben, die sie gegen die Dornen anziehen müssen. Hintereinander kriechen sie durch den Tunnel. Adri voraneweg, dann Martje und zum Schluß Wim. Es ist, als gäbe es keine Dornen mehr.

Als sie bei der Brücke ankommen, ist es fast dunkel.

Am Geländer lehnt ein Mann.

„Mein Vater", murmelt Wim.

„Wo bist du gewesen?" fragt Wims Vater, und Wim bekommt eine Ohrfeige.

Wim spürt nichts. Er denkt nur: Uff, das Schlimmste ist vorbei!

„Wir haben ein Hotel gefunden und eine Frau, die ganz viel erzählt hat", erklärt Martje. „Wim kann nichts dafür."

„Und wir haben eine alte Flasche gefunden, hier, die dürfen Sie jetzt haben", fügt Adri hinzu.

Wims Vater nimmt die Flasche, hält sie hoch und ruft, daß es eine prächtige Flasche ist, daß sie ganz alt und wertvoll ist, und er bedankt sich bei Adri.

Dabei vergißt er ganz, böse zu bleiben.

Dann geht jeder zu sich nach Hause.

Adri muß seinen Eltern erklären, warum er erst so spät nach Hause kommt. Sie hatten sich schon Sorgen gemacht und gedacht, es wäre etwas passiert.

„Den Kapitän kenne ich", meint Adris Vater, als Adri zu Ende erzählt hat. „Er hat manchmal Fisch bei mir gekauft für sein Hotel. Man konnte mit ihm lachen."

Martjes Mutter hört sich auch die Geschichte vom Kapitän und dem Hotel an.

„Ich finde es so traurig", seufzt Martje, „für die Frau, meine ich."

Da sagt Martjes Mutter etwas Merkwürdiges.

„Eigentlich ist es gar nicht so schlimm. Daß sie mit einem Kapitän verheiratet ist, ist vielleicht nicht so angenehm, weil er so oft weg ist, aber er kommt doch ab und zu nach Hause, und wenn er ein fröhlicher Mann ist, ist das nicht das Schlechteste. Stell dir vor, sie wäre mit einem alten Meckerfritzen verheiratet, der ständig da ist, das wäre doch viel schlimmer."

„Mit Wims Vater zum Beispiel", murmelt Martje.

Ein Buchstabe

Adri hat drei Bretter und einen Hammer und in seiner Tasche ein paar Nägel. Er wartet auf der Brücke auf die anderen. Heute gehen sie wieder zu dem Hotel. Gestern ging es nicht, da hatte Wim Hausarrest und durfte nicht weg. Heute darf er wieder.

Da ist er schon. Er lacht.

„Ich habe nur eine Ohrfeige von meinem Vater bekommen, und weißt du, was er gesagt hat? Er hat gesagt, es wäre nicht so schlimm, wenn es mal später würde, aber dann müßte ich anrufen."

Da kommt auch Martje angelaufen.

„Wir gehen doch zu dem Hotel, oder? Wofür sind denn die Bretter?"

„Das ist ein Buchstabe", erklärt Adri, „ihr werdet schon sehen."

Der Tunnel durch die Brombeersträucher ist noch fast in Ordnung. Es ragen zwar schon wieder ein paar Zweige hinein, aber die sind dünn und grün. Adri bricht sie ab, wenn sie im Weg sind.

Als sie auf der anderen Seite stehen, geht Martje plötzlich zu Adri. Ohne ein Wort zu sagen, wischt sie ihre Hände an seiner Hose ab.

„Meine Hände waren ganz schmutzig", erklärt sie.

„Und warum wischst du sie dann an meiner Hose ab?"

„Weil ich einen Rock anhabe", antwortet Martje.

„Ja, das stimmt", sagt Adri. Wim prustet los.

„Was ist?" fragt Martje.

Aber die Jungen sagen nichts mehr. Sie grinsen nur.

Am Hotel ist es still. Sie laufen ums Haus herum. Die Küchentür steht noch immer auf. Die dicke Frau ist nirgends zu sehen. Die Katzen kommen auf Martje zu, als würden sie sie kennen. An einer Seite des Hauses ist eine lange Eisentreppe mit einem Geländer. Sie führt an vier Fenstern vorbei bis fast unters Dach.

„Da gehe ich jetzt hoch", sagt Adri.

„Dann kannst du in die Zimmer gucken", meint Wim. „Ich glaube, das sind die Zimmer vom Hotel. Guck mal, ob ein Telefon neben dem Bett steht."

Adri geht die Treppe hoch und nimmt die Bretter mit.

Wim und Martje bleiben unten. Wer weiß, ob die Frau wirklich nie böse wird.

Adri steigt immer höher. Bis er zu dem Wort OTEL kommt. Dort bleibt er stehen. Er legt zwei Bretter auf die Treppe und nimmt ein paar Nägel aus der Tasche. Dann hält er das dritte Brett an die Wand und nagelt es daran fest.

Anschließend schlägt er noch ein Brett an die Wand. Zum Schluß kommt das kleinste Brett. Das nagelt er quer über die beiden anderen Bretter.

Unten fängt Wim plötzlich an zu tanzen.

„Ich sehe es, ich sehe es, jetzt steht dort wieder HOTEL."

Adri hat ein H gezimmert.

„Aber es ist zu klein", stellt Martje kritisch fest.

„Das O ist viel größer und das TEL auch."

„Aber es steht da", jubelt Wim.

Adri klettert die Treppe runter. Er lacht stolz.

Als er an dem untersten Fenster vorbeikommt, sieht er die Frau. Sie winkt.

„Was machst du da?" fragt sie durch das Fenster.

Adri versteht nicht, was sie sagt. Er winkt auch.

Die Frau kommt durch die Küchentür nach draußen.

„Wie nett, daß ihr wieder da seid, ich habe mich nur erschrocken. Was war das für ein Krach? Ich habe geschlafen, ich meine, ich war kurz eingeschlafen, und plötzlich …"

Wortlos zeigt Martje nach oben.

„HOTEL!" ruft die Frau. „Habt ihr das etwa gemacht? Das ist ja ganz toll! Na ja, wenn es stürmt, fällt der Buchstabe natürlich wieder runter, aber das macht nichts."

„Gar nicht", widerspricht Adri. „Das sind richtig gute Stahlnägel. Hat mir mein Onkel gegeben. Extra für Steinwände."

Der Plan

Es ist schönes Wetter. Sie setzen sich auf die Treppe vorm Haus.

„Tee?" fragt die Frau.

„Nein", antworten alle drei wie aus einem Mund.

„Was denn?"

„Ich hätte gerne nichts", sagt Martje.

„Geben Sie mir auch nichts", sagt Wim.

„Und für mich bitte dasselbe", sagt Adri.

Die Frau läßt sich hintenüber auf die Treppe fallen und lacht.

„In drei Wochen", erzählt sie, „kommt mein Mann nach Antwerpen."

„Wo ist das?"

„Das ist ein großer Hafen, drei Stunden mit dem Zug von hier entfernt. Sein Schiff bleibt aber nur zwei Tage dort liegen. Dann muß es schon wieder neue Bananen holen. Ich würde gerne dorthin fahren."

„Zu dem Hafen?"

„Ja, nach Antwerpen. Zu meinem Mann. Für zwei Tage oder so."

Martje nickt. „Das würde ich auch wollen."

„Du hast aber keinen Mann, du hast uns, und wir sind immer da", erinnert Adri sie.

„Ja, nein, aber später, wenn ihr arbeitet, ganz weit weg, dann bringe ich euch immer Brot und eine Flasche Johannisbeersaft."

„Genau das meine ich", sagt die Frau, „ich möchte ihm gerne eine Flasche Wein bringen."

„Geht das denn nicht?" fragt Wim.

Die Frau ist eine Weile still.

„Ich habe das Hotel und meine Katzen noch nie allein gelassen. Verrückt, was? Aber ich bleibe nie über Nacht weg. Ich habe immer Angst, es könnte etwas passieren. Ich liebe dieses Haus und meine beiden Katzen. Ich glaube, sie würden es schrecklich finden, wenn ich eine Nacht wegbleibe. Das klingt vielleicht ein bißchen komisch, aber es ist so."

Auf dem Kanal fährt ein Boot vorbei. Der Mann auf dem Boot hebt grüßend die Hand.

Die dicke Frau winkt zurück.

„Wer ist das?" fragt Martje.

„Das weiß ich nicht", antwortet die Frau, „Leute auf Booten grüßen immer die Leute am Ufer. Leute in Autos nicht, die grüßen die Leute am Straßenrand nie."

„Leute auf einem Pferd schon, das habe ich mal gesehen. Zwei Pferde, zwei Leute drauf, und dann: Kappe ab", erzählt Wim.

„Aber dann können wir das doch machen", schlägt Adri vor.

„Was machen?"

„Auf das Hotel aufpassen und auf die Katzen."

Die Frau lächelt.

„Ja, das ginge", sagt sie. „Es ist nicht wirklich nötig, aber es wäre ein beruhigender Gedanke zu wissen, daß alles in Ordnung ist mit dem Haus. Es ginge, ja, es wäre nett, wenn ihr hier wärt, aber, na ja …"

Es ist wieder still.

Die Sonne scheint.

Martje zieht die Bluse aus.

„Was bist du doch für ein dürres Geripppe", bemerkt die Frau.

„Adri auch. Schauen Sie!" Martje hebt Adris Hemd hoch.

Die Frau muß lachen. „Es klappert sicher, wenn du läufst, was? Deine Knochen, meine ich."

„Ich habe Adri noch nie klappern hören", sagt Wim. „Martje schon, die gluckert manchmal."

„Wenn ich Hunger habe", erklärt Martje, „das

44

kommt dann nicht von der Dünne, sondern
von der Leere."
„Ich bin dick", sagt die Frau.
„Sie sind schön", sagt Martje.
„Du bist ein Schatz." Die Frau lacht.
„Wann ist es denn?" fragt Adri.
„Was?"
„Daß der Kapitän im Hafen ist."
„Ach so, in drei Wochen."
„Gut", sagt Adri. Mehr nicht. Es ist wieder
still.

Martje weiß es. Wim weiß es. Adri denkt, es geht. Daß sie zu dritt auf das Hotel aufpassen können.

„Glaubst du, wir dürfen?" sagt Martje leise zu Adri.

„Ich glaube nicht", antwortet die Frau.

Sie dürfen

„Oh, du bist schon da."

Adri sitzt unter der Brücke. Martje setzt sich neben ihn. Sie hatte gedacht, sie wäre die erste, aber Adri ist oft schon ganz früh da.

Wim ist immer der letzte. Der muß erst noch sein Zimmer aufräumen oder den Abfall wegbringen oder beim Wäschefalten helfen. Das ist gut für die Erziehung, behaupten seine Eltern.

Martje faltet auch manchmal die Wäsche. Aber nicht für die Erziehung.

Adri weiß nicht mal, daß Wäsche gefaltet werden muß. Über so was denkt er nicht nach. Er hat andere Sachen im Kopf.

In der letzten Zeit denkt er ständig an das Hotel. Und an die Frau, die zum Hafen fahren will. Zu ihrem Kapitän.

„Wir müssen sie fragen", sagt Adri.

„Was fragen, wen fragen?"

„Wir fragen zu Hause, ob wir in dem Hotel schlafen dürfen, weil wir noch nie in einem

Hotel geschlafen haben, und wir sagen, daß die Frau damit einverstanden ist."

„Ja, und dann dürfen wir nicht, Wim bestimmt nicht."

„Dann muß er halt fliehen."

„Weglaufen?"

„Ja, das machen manche Leute. Von zu Hause weglaufen. Und später kommen sie zurück, und dann sind alle froh, daß sie wieder da sind."

Sie hören ein Geräusch im Gras. Wim rutscht die Böschung runter und kriecht unter die Brücke.

„Du mußt von zu Hause weglaufen", ruft Martje ihm entgegen, „dann freuen sich deine Eltern."

Wim sieht sie erstaunt an. Sie sagen hier unter der Brücke öfter verrückte Sachen, aber das ist das Verrückteste, was er je gehört hat.

„Wenn deine Eltern dir nicht erlauben, auf das Hotel aufzupassen, läufst du weg. Denn wir machen es zu dritt."

„Gut", sagt Wim, „aber weglaufen muß man sich trauen. Und ich traue mich nicht soviel in letzter Zeit."

„Versuch es erst mal mit fragen. Vielleicht geht ja alles von selbst", meint Martje.

„Das Weglaufen mußt du dir aufheben. Für den Fall, daß es wirklich nötig ist", erklärt Adri.

Und es geht einfacher, als sie denken. Wim darf. Sein Vater hat gesagt, es wäre eine gute Sache, für Tiere zu sorgen. Eine gute Tat, sagt Wims Vater.

So schnell sie können, gehen sie zu der Frau und sagen ihr, daß sie nächste Woche kommen, um auf das Hotel aufzupassen.

„Fahren Sie ruhig zum Hafen, wir schlafen hier im Haus bei den Katzen", sagt Wim.

„Dürfen die Katzen aufs Bett?" erkundigt sich Martje.

„Das müßt ihr selbst wissen", antwortet die Frau. Sie bückt sich und gibt Martje einen Kuß. Dann beugt sie sich zu Wim hinunter. Er bekommt auch einen Kuß. Adri geht schnell ein paar Schritte zur Seite.

„Bis nächste Woche", ruft er aus sicherer Ent-
fernung.
„Abgemacht", sagt die Frau.

„Es ist hier, kannst du ihn sehen?" fragt Wim
Adri.
„Wen?"
„Den Kuß von der Frau."
„Ja, ich seh ihn, da ist ein roter Fleck, den
kriegst du nie wieder ab."
Wim scheuert und rubbelt.
„Was machst du da?" fragt Martje.
„Nichts", antwortet Wim.
„Laß mal gucken", sagt Martje. „Oh, du hast ja
einen großen, roten Fleck auf der Backe."

Zimmer acht, neun und zehn

Die Frau hat schöne Kleider an. Eine Jacke und einen Rock. Und auf dem Kopf trägt sie einen Strohhut. Sie steht auf der Treppe vor dem Hotel. Neben ihr steht ein Koffer.

„Sie riechen gut", stellt Martje fest.

„Ach, Mädchen, ich bin so glücklich, ich habe schon so lange keine Reise mehr gemacht. In der großen Küche steht eine Dose Katzenfutter, Betten gibt es genug, sucht euch einfach aus, wo ihr schlafen wollt. Und wenn das Telefon klingelt, sagt ihr, daß ich nicht da bin, und … habt ihr eigentlich gar keine Angst, so ganz allein in dem großen Haus?"

„Wir sind doch zu dritt", antwortet Wim.

„Na, dann geh ich jetzt mal", sagt die Frau, „den Katzen hab ich schon auf Wiedersehen gesagt."

Wim springt gerade noch rechtzeitig zur Seite. Beinahe hätte ihn die Frau wieder geküßt. Sie lacht schallend.

„Wo ist Adri denn? Sicher schon im Haus, was? Na, dann grüßt ihn mal von mir."

Adri steht hinter der Tür und verhält sich ganz still. Er fürchtet sich vor nichts, nur vor Küssen.

Die Frau nimmt ihren Koffer und macht sich auf den Weg. Am Kanal führt eine Straße vorbei, und am Ende der Straße ist eine Bushaltestelle. Der Bus bringt sie zum Bahnhof und der Zug zum Hafen. Drei Stunden dauert das.

Wim und Adri gehen ins Haus. Martje winkt, bis die Frau nicht mehr zu sehen ist. Die Frau geht am Kanal entlang. Am Ufer sitzt ein Mann mit einer grauen Schirmmütze und angelt. Sie achtet nicht auf ihn. Aber als sie an ihm vorbei ist, dreht der Mann sich um. Er

starrt ihr nach, bis sie an der Bushaltestelle angekommen ist.

Martje ist auch nach drinnen gegangen. Was für ein großes Haus! Wieviel Zimmer es hat!

„Ich nehme Zimmer sieben", erklärt Wim.

„Und ich Zimmer drei", sagt Adri.

„Können wir nicht alle im selben Zimmer schlafen?" fragt Martje.

„Nein, das hier ist ein Hotel", antwortet Wim. „Und in einem Hotel schlafen die Leute nicht zusammen."

„Pff", schnaubt Martje.

Sie geht die Treppe hoch und macht sich auf die Suche nach einem schönen Zimmer. Zimmer neun ist ein schönes, großes Zimmer mit vielen Türen. Martje macht eine Tür auf und kommt in ein anderes Zimmer. Das ist Zimmer zehn. Sie geht durch die Tür zurück in Zimmer neun. Danach schlendert sie durch die Tür auf der anderen Seite. Und wieder kommt sie in ein schönes Zimmer. Das ist Zimmer acht. Wie lustig! denkt Martje. Drei Zimmer nebeneinander mit Türen dazwischen. Sie macht alle Türen auf und tanzt durch die Zimmer.

„Hier schlafen wir", singt sie, „hier schlafen wir."

Dann läuft sie zur Treppe. „Wim, Adri, kommt mal her!"

Die Jungen rennen die Treppe hoch.

„Guckt mal", sagt sie, „hier schlafen wir, du dort, ich hier und du da, und die Türen bleiben auf, dann ist keiner allein."

„Von mir aus", sagt Wim.

Adri liegt schon auf dem Bett von Zimmer acht. „Hier liegt man gut", stellt er fest und federt auf und ab.

Sie hören das Telefon klingeln.

„Wo ist das Telefon?" fragt Wim.

„Unten, glaube ich", antwortet Martje.

Sie rennen die Treppe runter und suchen in allen Zimmern nach dem Telefon. Es dauert eine Weile, bis sie es gefunden haben.

Wim nimmt den Hörer ab.

„Hotel Kapitän", keucht er ins Telefon.

„Was ist, Wim, du keuchst so?" fragt die Stimme am anderen Ende.

„Oh, hallo, Papa. Also, wir waren oben, und das Telefon steht unten, wir mußten ein ganzes Stück laufen. Es ist ein großes Haus, wir haben jeder ein eigenes Zimmer, aber sie liegen alle nebeneinander."

„Alles in Ordnung, Wim?" fragt der Vater.

„Alles in Ordnung, Papa."

Wim legt den Hörer auf.

Danach läutet das Telefon noch zweimal.

Martjes Mutter und Adris Mutter.

„Alles in Ordnung, Martje?"

„Alles in Ordnung, Mama."

„Alles in Ordnung, Adri?"

„Ja, Mama, es ist ein gutes Hotel, aber jetzt habe ich keine Zeit mehr. Tschüs." Adri legt den Hörer auf.

Draußen fängt es an, dunkel zu werden. Bei den Brombeersträuchern steht ein Mann. Ein Mann mit einer grauen Schirmmütze. Er starrt zu dem Hotel hinüber.

Das Geräusch

„Wir müssen ins Bett", sagt Martje.

„Warum?"

„Weil wir in einem Hotel sind."

„Hä?"

Adri und Wim sehen sie verständnislos an. Sie begreifen nichts. Aber ins Bett wollen sie schon.

Sie gehen in ihre Zimmer. Die Türen zwischen den Zimmern stehen weit auf.

„Hast du ein Telefon neben dem Bett, Wim?" ruft Adri.

„Nein", schreit Wim zurück, „eine Uhr."

„Ich habe ein Telefon", sagt Martje, „aber jetzt schlafe ich."

„Wim?" ruft Adri.

„Ja?"

„Morgen können wir … Heh, Martje, was soll das?"

Martje hat die Tür zu Adris Zimmer zugemacht. Jetzt läuft sie um das Bett herum und macht die Tür zu Wims Zimmer zu.

„So kann ich nicht schlafen", murmelt sie.

Es wird still im Haus. Und dunkel.

Adri schläft ein. Wim schnarcht.

Martje kann nicht schlafen. Sie hört Geräusche.

Sie gleitet aus dem Bett. Vorsichtig öffnet sie die Tür zu Wims Zimmer.

Er schnarcht leise.

Martje läuft um das Bett herum und macht die andere Tür auf. Von Adri ist nichts zu sehen. Nur ein Deckenberg. Darunter liegt er. Vorsichtig zieht Martje die Decke weg. Dann rüttelt sie an Adris Kopf.

„Was ist?" fragt Adri.

„Ich kann nicht schlafen", sagt Martje.

„Ich schon", murmelt Adri.

„Ja, aber ich höre lauter Geräusche."

„Weil du nicht schläfst", erklärt Adri. Er dreht sich um und will weiterschlafen.

„Nein, hör doch mal."

„Ich höre nichts, doch ja, Bäume, es weht ein bißchen."

Knack.

Adri sitzt senkrecht im Bett. „Was war das?"

„Ein Geräusch", antwortet Martje. Sie ist zufrieden. Adri hört jetzt auch ein Geräusch.

„Ich gehe Wim wecken."

Adri schüttelt den Kopf. „Nein, laß, es ist nichts."

„Ich hab ein Knacken gehört." Das ist Wim. Er steht plötzlich in Adris Zimmer.

Knack.

Adri läuft zum Fenster und öffnet es. Er guckt nach unten.

„Oh, ein Einbrecher", sagt er. „Ich glaube, er will rein."

Wim guckt auch nach unten. Im Halbdunkel sieht er einen Mann mit einer Schirmmütze ums Haus herumschleichen.

„Woher weißt du, daß es ein Einbrecher ist? Vielleicht ist es ja ein ganz gewöhnlicher Mann, der rein will."

„Nein", widerspricht Adri, „gewöhnliche Männer gehen durch die Tür. Ich habe gesehen, wie er durch ein Fenster rein wollte."

„Was machen wir jetzt?" flüstert Martje.

„Das weiß ich nicht", antwortet Adri. „Er will bestimmt was stehlen."

„Ich rufe meinen Vater an", beschließt Wim.

„Nein, nicht." Adri hält ihn zurück. „Dann kommt dein Vater her, und dann müssen wir nach Hause. Wartet, ich gehe nach unten und frage den Mann, was er stehlen will."

„Adri", zischt Martje, „bleib hier, das ist gefährlich. Nachher tut er dir was. Adri ... Adri!"

Adri läuft im Dunkeln zur Treppe und schleicht nach unten.

Wim und Martje bleiben stocksteif oben an der Treppe stehen. Martje will rufen, aber es kommt kein Laut aus ihrer Kehle. Bis Wim etwas sagt.

„Adri ist wirklich mutig", sagt er.

„Er ist nicht ganz bei Trost", flüstert Martje.

Tafelsilber

Unten in der Halle sehen Martje und Wim ein kleines Licht auf und ab tanzen. Der Einbrecher hat eine Taschenlampe.

Plötzlich fällt das Licht auf Adri.

„Guten Abend, Herr Einbrecher", hören sie Adri sagen.

„Verdammt, was machst du hier?" ruft der Mann und läßt vor Schreck beinahe die Taschenlampe fallen. „Du hast mich zu Tode erschreckt."

„Sie sind doch gekommen, um einzubrechen, oder?" fragt Adri.

„Heh, was soll das, Kleiner, was willst du von mir?" knurrt der Mann. Er leuchtet Adri mit der Taschenlampe ins Gesicht.

„Ich habe gedacht, hier wäre niemand, die Frau ist doch verreist, ich habe sie heute nachmittag mit einem Koffer weggehen sehen."

„Wir passen auf das Haus auf", erklärt Adri.

„Oh, wie schön, wer ist denn noch hier?"

„Wim und Martje."

„Wer ist das, deine Eltern?"

Keine schlechte Idee, denkt Adri. Er nickt.

„Sie schlafen", erzählt er. „Sie dürfen nicht so laut sprechen, sie haben es nicht gern, wenn sie beim Schlafen gestört werden."

Oben an der Treppe stoßen sich Martje und Wim gegenseitig an.

„Ach du lieber Himmel", murmelt der Mann, und es scheint, als wüßte er plötzlich nicht mehr, was er machen soll.

„Was wollen Sie denn stehlen?" fragt Adri.

„Warten Sie, ich knipse das Licht an."

„Das geht dich nichts an. Und bleib ja mit deinen Pfoten von dem Schalter weg. Sag mir lieber, wo das Tafelsilber ist. Schnell!"

„Was ist das, Tafelsilber?"

„Messer, Gabeln und Löffel. In diesem alten Hotel gibt es sicher jede Menge Tafelsilber. Also los, sag schon, wo ist es? Und wo liegt das Geld? Schnell, Kleiner."

„Geld, ja, das muß hier irgendwo sein." Adri macht ein nachdenkliches Gesicht. Dann guckt er nach oben in die Dunkelheit und ruft: „Wim, weißt du, wo Geld liegt?"

Wim erschrickt, und ihm wird ganz heiß. Was macht Adri jetzt? Gleich schnappt der Einbrecher sie alle drei.

„Still, Kleiner, halt doch die Klappe, verdammt noch mal, mach bloß keinen wach, ich bin ja schon weg."

Der Mann will wieder durch das Fenster nach draußen klettern.

„Durch die Tür geht es auch", sagt Adri freundlich.

„Mensch, hau doch endlich ab, du Rotznase", schnaubt der Mann und verschwindet.

Adri geht im Dunkeln wieder die Treppe hoch. Martje schlingt die Arme um ihn. „Daß du dich das getraut hast!"

„Ich hab mich nicht getraut, es ging ganz von selbst."

„Ich trau mich so was auch", meint Wim, „nur anders. Aber jetzt müssen wir die Polizei anrufen."

„Nein, nicht die Polizei", Adri schüttelt den Kopf, „dann kommen sie hierher, um uns zu beschützen, und dann wird es hier voll, und dann ist es nicht mehr schön. Wir gehen einfach wieder ins Bett, kommt."

Keiner hat etwas gesagt, aber alle drei gehen in das mittlere Zimmer, und alle drei klettern in Martjes großes Bett. Sie können nicht mehr schlafen. Sie reden.

„Was ist Tafelsilber?" fragt Martje.

„Teure Messer, Gabeln und Löffel, die man geschenkt bekommt, wenn man heiratet oder Königin wird", antwortet Wim. „Aber ich hab gehört, daß die Messer nicht richtig scharf sind, wenn sie so teuer sind."

„Weshalb kommt ein Einbrecher denn durchs Fenster?"

„Das ist sein Beruf", erklärt Adri. „Mein Vater sagt, daß es sehr gute Einbrecher gibt, die durch ein Klofenster ins Haus schlüpfen können. Das ist nicht so einfach, das muß man lernen."

„Ich glaube, ich erzähle zu Hause besser nichts davon", überlegt Wim. „Denn dann sagt mein Vater bestimmt, wir wären dumm gewesen und wir hätten die Polizei rufen müssen. Er ist gegen Einbrecher, glaube ich. Weil sie stehlen."

„Meine Mutter ist mal in China gewesen, und sie hat mir erzählt, daß man da … na ja, wenn man dort Brot klaut oder so, dann töten sie einen", berichtet Martje.

„Aber wegen Tafelsilber doch nicht, was hat man schon von Tafelsilber?" murmelt Adri.

„Dieser Einbrecher war kein besonders guter, es war auch ein großes Fenster, ich glaube … es ist ka … putt und …"

Adri gähnt und schläft ein.

Martje legt den Arm über seinen Rücken, und Wim legt den Arm über Martje. Martje hört keine Geräusche mehr. Sie schlafen, als wäre nichts passiert.

Gäste

Martje ist als erste unten. Sie nimmt Brot und Käse aus dem Schrank und Brombeermarmelade, die die Frau selbst gekocht hat. Sie stellt alles auf den Tisch. Da sieht sie plötzlich eine graue Schirmmütze auf dem Boden liegen.

„Der Einbrecher", flüstert sie, „er hat seine Mütze verloren."

Sie hebt die Mütze auf und setzt sie auf den Kopf. Der Schirm rutscht halb über ihre Augen. Sie geht wieder hoch zu den Jungen, die noch im Bett liegen. „Heh, ihr Schlafmützen, aufwachen!" ruft sie.

Adri richtet sich auf und versucht, ihr die Kappe vom Kopf zu reißen. Wim springt aus dem Bett und greift auch nach der Kappe. Martje rennt die Treppe runter. Sie ist die Schnellste und hält die Kappe gut fest.

Als sie unten ankommen, klingelt es.

Mit der Kappe auf dem Kopf läuft Martje zu der großen Haustür.

Wim kommt hinter ihr her.

Es dauert einen Augenblick, ehe Martje die Tür geöffnet hat, denn es ist ein großes Schloß.

Vor der Tür stehen ein Mann und eine Frau. Ein Stück weiter parkt ein Auto.

„Guten Morgen, kleines Fräulein, ist das Hotel auf?"

„Ja", antwortet Wim, der hinter Martje steht, „die Tür ist auf."

Martje wirft Wim unter der Kappe her einen Blick zu.

„Laß mich mal reden, es ist nämlich nicht auf. Die Tür ist auf, aber das Hotel ist zu."

„Könntest du dann vielleicht kurz den Chef rufen?"

„Adri!" ruft Martje.

„Was ist?"

Adri steht hinter Wim.

„Hier sind Leute, die fragen, ob das Hotel geöffnet ist", antwortet Wim.

Martje zeigt auf Adri. „Das ist der Chef", erklärt sie.

„Oh", murmelt Adri.

„Du mußt sie wegschicken", flüstert Wim.

Adri nickt. „Hi", sagt er.

Der Mann und die Frau müssen lachen.

„Ist der Chef nicht da?"

„Wir sind der Chef, und das hier ist der Boß,

66

und ich bin der Direktor, und wir müssen tun, was sie sagt", antwortet Wim.

„Ja, und jetzt müssen wir frühstücken", erklärt Martje, „denn wir kommen gerade aus dem Bett."

„Na, das ist ja ein netter Empfang", sagt die Frau. „Früher ist man hier freundlicher gewesen, das muß ich schon sagen. Jetzt scheint es mehr ein Heim für schlechterzogene Kinder zu sein. Komm, Harry, wir gehen. Und wenn ihr den Chef sprecht, dann richtet ihm aus, daß Harry und seine Frau dagewesen sind. Mein Mann ist nämlich Chefredakteur. Dann weiß der Chef schon Bescheid, und es wird ihm leid tun, daß er nicht da war. Guten Morgen."

„Oh, Harry, der Chefredakteur, der Mann, der am längsten reden kann", murmelt Wim.

„Aber im Moment sagt er nicht viel."

„Nein, diese Woche ist sein Autoradio wieder gestohlen worden, das war jetzt schon das zehnte Mal. Wir wollten uns hier eigentlich ein bißchen erholen, weil einen so was doch stark mitnimmt, aber das ist offensichtlich nicht möglich, also komm, Harry."

Die Tür fällt mit einem Knall ins Schloß.

„Was hat sie gesagt?" fragt Adri.

„Sie werden gleich mitgenommen, glaube ich, ich weiß auch nicht genau, und ihr Mann hat zehn Autoradios gehabt", antwortet Martje. „So, und jetzt essen wir erst mal. Puh, waren das schreckliche Leute! Jetzt verstehe ich auch, warum es nicht lustig ist, ein Hotel zu haben. Stellt euch vor, die Leute sitzen dann den ganzen Tag auf eurem Klo und so."

„Und habt ihr das auch gerochen? Die Frau hat schrecklich gestunken, man riecht es immer noch, das ganze Zimmer stinkt danach." Wim rümpft die Nase.

„Der Mann hat auch gestunken", sagt Adri. „Nach so einem komischen Zeug. Das schmiert man sich nach dem Rasieren ins Gesicht, das habe ich schon öfter gerochen. So riechen Männer, die im Büro arbeiten, weil sie meinen, das wäre angenehm für die anderen."

„Mach lieber mal ein Fenster auf", meint Martje. „Sonst kann ich die Brombeermarmelade gar nicht schmecken."

Die Schirmmütze

„Was machen wir heute?"

Martje sieht Wim an, Wim sieht Adri an, Adri kaut auf seinem Brot.

„Kapitän …", sagt er, als er den Mund leer hat.

„Der Mann von der Frau?" fragt Wim.

„Kapitän, wie schreibt man das?"

Wim nimmt ein Messer und schreibt damit auf den Holztisch.

„Laß das, du Idiot, das kriegst du nie wieder weg", schimpft Martje. Aber es ist schon zu spät. In den Tisch steht KAPITÄN geritzt.

Adri starrt lange auf das Wort.

„Sechzehn Bretter", sagt er schließlich, „aber wie wir den Bogen bei dem P und die beiden Pünktchen auf dem Ä machen, weiß ich noch nicht. Ich gehe mal schnell zu meinem Onkel, vielleicht …"

„Nein, nicht weggehen", unterbricht Martje ihn, „ich finde, wir sind zu dritt hier und nicht zu zweit."

„Ich bin doch gleich wieder da, und außerdem kann Wim ja so tun, als wäre er zwei."

„Ja, genau." Wim springt so schnell um Martje herum, daß es aussieht, als würden zwei oder drei Wims um sie herumtanzen.

Adri zieht die Tür hinter sich zu.

„Ich weiß, was er vorhat", sagt Wim. „Er holt Bretter, und dann schreiben wir damit KAPI-TÄN an die Wand. Hinter HOTEL. Für die Frau."

„Dann fängt sie bestimmt an zu weinen", meint Martje.

„Wer?"

„Die Frau vom Kapitän."

„Ja, aber das macht nichts", sagt Wim.

Zusammen stellen sie sich vor ein Fenster, das auf die Straße hinausgeht, die am Kanal vorbeiführt. Sie warten auf Adri. Es dauert lange, aber sie warten.

Plötzlich sehen sie einen Mann auf das Hotel zukommen. Er geht langsam und hält den Kopf gesenkt. Alle paar Meter bleibt er kurz stehen und starrt zum Hotel hinüber. Dann macht er wieder ein paar Schritte. Bis er bei der Tür ist.

Sie hören ihn klingeln.

„Das Hotel ist geschlossen", erklärt Martje.

„Das sage ich ihm, ich mache auf." Wim geht zur Tür.

„Guten Tag, das Hotel ist geschlossen."

„Schon gut, Kleiner, ich will hier auch nicht übernachten. Aber hast Du vielleicht eine Schirmmütze gefunden?"

„Eine Schirmmütze? Nein, wir haben eine Mütze gefunden, aber das war drinnen."

„Ja, das kann sein", sagt der Mann, „die Mütze gehört nämlich mir, und ich hätte sie gerne zurück."

„Sind Sie der Einbrecher?" fragt Wim.

„Ja, nein, ich meine, die Mütze ist noch von meinem Opa, er hat sie mir gegeben, kurz bevor er starb, und deshalb ... Verstehst du?"

Wim nickt. „Ja, es ist ein Andenken an den toten Opa. Martje!"

Martje stellt sich mit der Kappe auf dem Kopf hinter Wim. Der Mann sieht Martje, und er sieht die Kappe.

„Gib die Kappe her, du kleine Göre", ruft er. Er stößt Wim zur Seite und reißt Martje die Kappe vom Kopf. Dann läuft er weg.

„War das der Einbrecher?"

„Ich glaube ja", antwortet Wim.

„Was hat er gesagt? Göre?"

„Ja, so was Ähnliches. Göre, ja, das bedeutet Mädchen, glaube ich, aber wußtest du, daß die Kappe von seinem toten Opa war?"

„Oh", sagt Martje, „es ist ein Andenken an seinen Opa. Dann verstehe ich, warum er zurückgekommen ist. Für Erwachsene ist ein Andenken wichtig. Wir haben zu Hause ein ganz olles Portemonnaie mit altem Geld. Das hat meinem Opa mal gehört. Es stinkt, aber es ist ein Andenken an meinen Opa."

„Wir haben zu Hause ein altes Gewehr an der Wand, das stammt noch aus dem Krieg gegen Spanien."

„Auch von deinem Opa?"

„Nein, antik."

„Oh."

Nägel für eine Flasche Wein

„Da ist er, da sind sie!!!" schreien beide gleichzeitig.

Daß es Adri ist, wissen sie, und daß Adris Onkel dabei ist, hören sie. An seinem alten Auto.

Ratter, ratter, ratter! klappert es.

Martje reißt die Tür auf.

Adri lädt Bretter hinten aus dem Auto.

Der Onkel kommt ins Haus.

„Wieviel Wein steht hier im Keller?"

„Tausend Flaschen", antwortet Wim.

„Wo?"

Wim zeigt dem Onkel den Weg zur großen
Küche. Der Onkel macht die Luke auf und
geht in den Keller. Wim knipst das Licht an.

Der Onkel mustert die Flaschen.

„Hm, ein edles Tröpfchen", murmelt er. Dann
hält er eine Flasche hoch. „Die hier."

Mit der Flasche in der Hand kommt er die
Treppe wieder hoch.

„Also dann gehe ich mal wieder."

„Die Flasche da ...", sagt Wim.

„Ja?"

„Die gehört der Frau vom Kapitän", erklärt Wim.

„Haha, das weiß ich, das weiß ich doch, aber Wein muß man ständig probieren, sonst weiß man nicht, ob er noch gut ist, und deshalb werde ich ihn jetzt probieren, denn es kann gut sein, daß er nicht mehr gut ist."

„Adri!" ruft Wim.

Adri lädt weiter Bretter aus. Als der Stapel neben dem Auto liegt und der Onkel ihm noch eine Handvoll Nägel gegeben hat, kommt Adri zu Wim.

„Hättest du mir nicht helfen können?"

„Nein", sagt Wim, „dein Onkel hat eine Flasche Wein von der Frau geklaut."

Adri macht die Hand auf. Darin liegen schöne glänzende, silberne Nägel.

„Getauscht", erklärt er. „Bretter und Nägel gegen eine Flasche Wein."

„Wir nageln jetzt KAPITÄN an die Wand, nicht, Adri?" fragt Martje. „Und wie machst du den Bogen vom P und die Pünktchen vom Ä?"

Adri zeigt auf zwei runde Holzklötze. „Aus einem Stuhlbein. Mein Onkel hat es noch schnell für uns durchgesägt. Das werden die Pünktchen. Und den Bogen für das P machen wir hieraus." Er zeigt auf ein drittes Holzstück. Es ist halbrund. „Das war mal ein Tisch", erzählt er. „Mein Onkel ist über ihn gestolpert, und da ist er in zwei Teile zerbrochen. KAPPITÄN mit zwei P's ginge also auch. Ist das auch okay, Wim?"

„Nein, es muß mit einem P sein, zwei sind zuviel", antwortet Wim. „Müssen wir die Bretter festhalten, damit du sie an die Wand nagel kannst?"

„Nein, mein Onkel hat gesagt, wir sollten das Wort besser am Boden auf zwei lange Bretter nageln. Und dann alles zusammen nach

oben ziehen, er hat mir extra ein Seil mitgegeben."

„Darf ich auch einen Buchstaben machen?"
Den ganzen Morgen zimmern Martje, Wim
und Adri an dem Wort KAPITÄN. Jedesmal,
wenn ein Buchstabe fertig ist, klettert Wim die
Treppe an der Seite vom Haus hoch, um von
oben zu gucken, ob es ein schöner Buchstabe
geworden ist.

„Die Treppe ist aus Eisen", sagt Adri zu Martje. „Und weißt du auch, warum? Dann kann
sie nicht anfangen zu brennen. Deshalb heißt
sie auch Feuertreppe."

„Was hat man denn von einer Feuertreppe, die
nicht brennen kann?" fragt Martje.

„Na ja, das ist ganz praktisch, wenn das Haus
mal brennt, und du liegst oben im Bett, dann
kletterst du einfach aus dem Fenster auf die
Feuertreppe und rennst nach unten."

Wim kommt die Treppe wieder herunter.

„Es wird ein schönes Wort", berichtet er, „und
wißt ihr auch, weshalb die Treppe nicht aus
Holz ist?"

„Ja, das weiß ich", antwortet Martje, „ich weiß
nämlich viel."

Adri grinst.

Heben

Das Wort ist fertig.

Adri klettert mit einem aufgerollten Seil die Treppe hoch. Als er oben angekommen ist, befestigt er das Seil am Geländer und wirft den Rest nach unten. Dort befestigt Wim das andere Ende an dem Wort.

„Du kannst ziehen", ruft Martje nach oben.

Adri zieht an dem Seil. Und zieht und zieht. Er hat schon einen ganz roten Kopf vor lauter Anstrengung. Aber das Wort bewegt sich nicht. Es ist zu schwer.

Adri kommt wieder nach unten.

„Was machen wir jetzt?"

„Das Wort mittendurch sägen", schlägt Martje vor.

„Und wenn wir zu dritt ziehen?"

Sie klettern alle drei die Treppe hoch und ziehen, so fest sie können. Bald haben Wim und Martje auch einen roten Kopf. Aber das Wort ist zu schwer. Auch für drei.

Sie setzen sich oben auf die Treppe.

Was jetzt?

Schweigend starren sie vor sich hin. Über die Brombeersträucher und den Kanal. Über das Land. Wenn man so hoch oben sitzt, sieht man eine Menge. Unter ihnen liegt das Wort. Von hier oben sieht es viel kleiner aus.

Wim holt einen Bleistift und ein Stück Papier aus der Tasche. Er zeichnet etwas.

„So geht es", sagt er plötzlich.

Adri guckt auf die Zeichnung. Martje guckt auch.

„Ja, so geht es", rufen beide gleichzeitig.

„Aber ich weiß nicht, ob ich mich das traue", fügt Martje hinzu.

„Du traust dich", sagt Adri.

Er rennt die Treppe runter und läuft ins Haus. In der großen Küche sucht er sich den größten Topf aus. Er ist schrecklich schwer. So schwer, daß Adri ihn nicht hochheben kann. Keuchend schleift er ihn über den Boden nach draußen.

Dort befestigt er das Seil an einem Topfhenkel. Martje und Wim ziehen den Topf hoch. Sie bekommen wieder einen roten Kopf vor Anstrengung, doch diesmal klappt es. Langsam schwebt der Topf immer höher. Als er oben ist und auf der Treppe steht, bindet Wim das Seil los und wirft es nach unten. Adri be-

festigt es wieder an dem Wort. Dann geht er
mit dem anderen Ende des Seils nach oben.
Dort wird es um das Treppengeländer gewik-
kelt und an den beiden Topfhenkeln festge-
bunden. Wim stößt den Topf von der Treppe.
Er bleibt an dem Seil hängen. Am einen Ende
ist das Seil an dem Wort befestigt. Am anderen Ende hängt es über das Geländer und ist
am Topf befestigt.

„Steigt ein!" sagt Wim, „und haltet euch gut an
dem Seil fest."

Adri klettert in den Topf und setzt sich auf den
Rand.

Dann steigt Martje ein.

„Ist es gefährlich?" fragt sie.

„Ja", antwortet Adri.

Martje steht aufrecht im Topf.

Jetzt Wim.

Vorsichtig stellt er ein Bein in den Topf und
umklammert das Seil mit beiden Händen. Gerade, als er das andere Bein auch in den Topf

setzen will, sackt der schon nach unten. Wim sitzt halb auf dem Rand. Martje kneift die Augen zu. Adri guckt nach unten.

„Es funktioniert", ruft er. Das Wort schnellt hoch. Zuerst bewegt es sich noch langsam, dann knallt es gegen die Mauer, und gleich darauf schrappt es an ihr entlang nach oben. Genauso schnell, wie der Topf nach unten sinkt.

„Stop!" ruft Adri. Aber das Wort hört nicht. Es saust immer höher. Bis es mit einem Ruck anhält. Das K ist gegen eine Treppenstufe geschlagen und bleibt dort hängen. Der Topf mit Adri, Martje und Wim pendelt vor der Mauer hin und her. Das Hochziehen ist zu Ende. Die Fahrt nach unten auch.

Im Topf gefangen

„Es hat fast geklappt", sagt Adri.

„Mein Knie ist aufgeschürft", jammert Wim.

„Ich will hier raus!" ruft Martje.

Sie schweben gut drei Meter über dem Boden. Zu hoch, um aus dem Topf zu springen, und wenn sie aus dem Topf springen, fällt das Wort wieder nach unten, vielleicht sogar auf ihren Kopf.

„Wir hängen fest, wir können nicht raus", stellt Adri fest.

„Ich blute", sagt Wim. Er wischt über sein Knie. Seine Hand ist voll Blut.

„Es hört schon wieder auf, bei mir hört es auch immer auf, wenn ich aufs Knie gefallen bin. Und wenn es nicht aufhört, stirbst du, hier im Topf", prustet Martje los, und alle drei müssen lachen. So laut, daß sie vor Lachen fast aus dem Topf fallen.

Wim hört als erster auf zu lachen. Er wischt sich die Tränen ab und guckt noch mal nach unten.

„Nein, das ist zu hoch", stellt er fest.

„Und selbst wenn es nicht zu hoch wäre, könnten wir nicht raus. Wegen dem Wort, das fällt dann sofort auf uns drauf."

„Aber wenn nur einer rausspringt, und das Wort fällt nach unten, gehen wir wieder hoch", sagt Martje und fängt von neuem an zu lachen.

„Am besten nehmen wir Wim, der ist sowieso schon kaputt."

„Ausziehen!" befiehlt Wim.

„Was?"

„Ausziehen! Wir knüpfen deine Hose an meine Hose und daran unsere beiden T-Shirts und Martjes Kleid, und dann klettern wir raus."

Adri schüttelt den Kopf. „Viel zu kurz."

„Und mein Kleid ist noch ganz neu, von letzter Woche erst", protestiert Martje.

„Gut, also nicht. Aber dann müssen wir uns etwas anderes überlegen, sonst hängen wir hier noch ganz lange, und dann kriegen die Katzen kein Essen, und dann kommt die Frau vom Hafen zurück, und dann sieht sie das hier."

„Ich wünschte, sie käme jetzt schon zurück", sagt Adri und seufzt. „Oder der Einbrecher, der könnte uns helfen."

„Einbrecher helfen einem nicht", entgegnet Wim.

„Wenn man in Not ist schon." Adri guckt nach oben.

Das Seil ist straff gespannt.

Martje guckt nach unten. „Ich glaube, ich bekomme Angst, na ja, noch nicht richtig, aber es fängt an."

„Und ich bereue es", sagt Wim.

„Bereuen? Was heißt das?"

„Daß man etwas getan hat und hinterher wünscht, man hätte es nicht getan."

„Auch dumm", findet Martje.

Wim nickt. „Genau das meine ich, es war eine dumme Idee."

„Zuerst nicht", widerspricht Martje, „zuerst war es eine schlaue Idee."

Hilfe

Das Seil über ihren Köpfen läuft an einem der Hotelzimmerfenster vorbei.

„Welches Zimmer ist das?" fragt Adri.

„Siehst du etwas Gelbes?" erkundigt sich Martje.

Adri beugt sich so weit wie möglich aus dem Topf, damit er durch das Fenster gucken kann.

„Nein, ich sehe nichts Gelbes, nur Blumen."

„Welche Farbe haben sie denn?"

„Gelb."

„Dann ist es mein Zimmer, ich habe heute morgen nämlich gelbe Blumen vor das Fenster gestellt, damit es gemütlicher aussieht."

„Dann steht dort auch ein Telefon neben dem Bett", erinnert sich Adri.

Er stellt sich auf den Topfrand, greift nach dem Seil und zieht sich hoch.

„Laß das, bleib hier!" ruft Wim.

„Ich gehe nur schnell anrufen", erklärt Adri.

Martje bekommt wieder einen Lachanfall.

„Dann sag mal, daß wir ein bißchen später

nach Hause kommen." Und plötzlich wird aus dem Lachen ein Schluchzen.

„Du weinst ja", stellt Wim fest.

„Gar nicht wahr", hickst Martje, „paß lieber auf Adri auf."

Adri hat das Fenster jetzt fast erreicht. Es steht einen Spalt auf. Noch ein kleines Stück, dann kann er das Fenster aufdrücken und ins Zimmer gucken. Ja, es ist Martjes Bett, in dem sie heute nacht zu dritt geschlafen haben.

Jetzt muß er aufpassen. Wenn er ins Zimmer klettert, fällt das Wort nach unten, und der Topf kommt nach oben. Aber wenn er sich auf die Fensterbank setzt und das Seil festhält? Ja, das geht. Mit einer Hand hält er das Seil fest, und mit der anderen greift er nach dem Hörer. Geschafft! Er kennt die Nummer seines Onkels auswendig, 6381. Vorsichtig zieht er das Telefon an der Schnur auf die Fensterbank, legt den Hörer daneben und wählt die Nummer.

Tuut … tuut … tuut … tuut … Das Telefon läutet ganz lange, und Adri denkt schon, sein Onkel wäre nicht zu Hause.

Doch dann endlich: „Ja?"

Adris Onkel sagt immer nur „Ja?"

„Hier Adri. Es ist was passiert, kannst du mal mit einer Leiter zum Hotel kommen?"

„Was ist denn los?"

„Das würdest du doch nicht glauben, wir sitzen nämlich in einem Topf, und der hängt an der Mauer, und jetzt komm lieber schnell!"

„Haha, was habt ihr denn jetzt schon wieder angestellt? Seid auf alle Fälle vorsichtig, ich komme gleich vorbei, wir kriegen das schon wieder hin, es kann aber noch einen Augenblick dauern, ich muß erst noch die Hühner füttern."

„Nein", ruft Adri, „du mußt jetzt kommen, sonst stürzen wir ab und …"

Doch der Onkel hat den Hörer schon wieder aufgelegt. Tuut … tuut … tuut.

Adri rutscht am Seil zurück in den Topf.

„Mein Onkel kommt", berichtet er, „aber er muß erst noch die Hühner füttern."

Das Wort an der Wand

Ratter, ratter, ratter!

Sie hören das Auto von Adris Onkel.

„Hier", ruft Wim.

„Hier sind wir", schreit Martje.

Adri sagt nichts. Er starrt zur Hausecke hinüber. Da ist der Hut! Darunter geht sein Onkel. Immer mit einem alten Hut auf dem Kopf. Der Onkel läuft um das Haus herum. Er sieht den Topf an dem Seil und das Wort an der Mauer hängen.

Dann bricht er in schallendes Gelächter aus. Er schlägt sich auf die Knie, fällt hintenüber und wälzt sich vor Lachen im Gras. Sein Hut rollt unter den Brombeerstrauch.

„Er lacht", stellt Wim fest.

„Vielleicht sieht es ja lustig aus", meint Martje.

„Das kann jetzt noch eine Weile dauern", seufzt Adri, „manchmal lacht er so lange, bis ihm der Kiefer weh tut."

Plötzlich steht der Onkel auf und läuft weg. Er

reibt sich über die Wangen und kichert noch immer.

„Geht er wieder weg?" fragt Martje erschrokken.

„Nur etwas holen, glaube ich", antwortet Adri.

Da kommt der Onkel schon zurück. Über der Schulter trägt er eine Leiter und in einer Hand ein Seil.

Er geht die Treppe hoch bis zu dem Wort und bindet es am Geländer fest.

Dann lehnt er die Leiter an die Wand. Sie reicht gerade bis zum Topf.

„So", ruft er und klettert die Leiter hoch, „jetzt komm ich euch retten, hahahoo."

Er hebt Martje aus dem Topf, klemmt sie unter den Arm und trägt sie wie ein Paket nach unten.

Jetzt ist Wim dran. Als der Onkel Wim unten abgesetzt hat und wieder nach oben klettern will, sieht er, daß der Topf leer ist. Wo ist Adri?

Na so was! Er steht schon neben ihm am Boden. Als der Onkel Wim nach unten gebracht hat, ist Adri blitzschnell aus dem Topf gestiegen und die Leiter heruntergeklettert.

„Affe", sagt der Onkel. Er starrt zu dem Wort hoch.

„Gute Arbeit." Er nickt anerkennend. „Na, dann will ich euch mal helfen, wo soll es denn hin?"

„Unter HOTEL", antwortet Adri.

Der Onkel hebt das Wort hoch, bis es unter HOTEL hängt. Wim und Martje halten es gerade, und Adri nagelt es mit großen Nägeln an der Wand fest.

Dann gehen sie nach unten und betrachten ihr Werk.

HOTEL KAPITÄN. Es sieht großartig aus.

„So, ich muß wieder fahren", sagt der Onkel. „Es wird gleich dunkel, und die Lampen an meinem Auto funktionieren nicht. Heute abend kann ich also nicht kommen, wenn wieder was ist. Also macht lieber nichts Gefährliches mehr, bis es wieder hell wird, hahaha."

„Wir essen jetzt", beschließt Martje.

Der Onkel bindet die Leiter auf dem Auto fest und fährt weg.

Wim sieht ihm hinterher. „Ein toller Onkel."

„So werde ich später auch mal", sagt Martje.

„So stark?"

„Nein, so nett."

Nicht tot, aber todmüde

Adri nimmt die Bratfische aus der Schachtel, die ihm sein Vater mitgegeben hat.

Wim schneidet Brot ab.

Martje gießt Milch ein. Sie essen, ohne etwas zu sagen. Sie denken alle drei an den Topf, in dem sie an der Hauswand hingen. Es war gefährlich. Aber gut, daß sie es getan haben, denn sonst hätten sie nie gewußt, daß es gefährlich ist.

„Oder sind wir vielleicht tot?" fragt Martje plötzlich.

„Mit dem Topf totgestürzt, meinst du? Das geht, ja, das ist gut möglich, denn wenn man tot ist, weiß man nicht, daß man tot ist, und deshalb kann man immer tot sein, ohne daß man es weiß."

Adri sieht Wim an.

„Es ist so", erklärt Wim, „wenn man noch was fühlen kann, ist man nicht tot."

Adri nimmt Martjes Hand und beißt vorsichtig hinein.

„Au, bist du verrückt?" schimpft Martje.

„Du schmeckst bitter", stellt Adri fest.

„Dann seid ihr nicht tot", meint Wim. „Jetzt ich noch."

Martje steht auf, läuft zu Wim und beißt in sein Ohr.

„Hihi", kichert Wim, „das kitzelt."

„Dann lebst du noch", rufen Martje und Adri gleichzeitig.

Sie essen alles auf und bleiben noch einen Augenblick am Tisch sitzen.

Plötzlich stößt Martje Wim an.

„Wach auf, wir wollen schlafen gehen", sagt sie.

Wims Kopf ist immer tiefer gerutscht, bis fast auf den Teller.

Martje, die selbst kaum noch die Augen aufhalten kann, hat gesehen, daß Wim schläft. Und Adri, der den Kopf in die Hand gestützt auf dem Tisch lehnt, sieht auch nicht so aus, als wollte er heute noch viel tun.

„Wir gehen ins Bett", wiederholt Martje.

Als sie aufsteht, sieht sie die Jungen schon nicht mehr. Sie sind schnell die Treppe hochgerannt und liegen bereits in dem großen Bett, als Martje in Zimmer neun kommt.

„Heh, wartet auf mich!" ruft Martje, „noch nicht anfangen mit dem Schlafen, ich komme auch noch dazu." Aber als sie zwischen den Jungen liegt, ist sie zu müde, um noch richtig zu gucken, ob sie mit dem Schlafen auf sie gewartet haben.

Es ist totenstill in dem Hotel. Draußen streunen die Katzen herum. Sie haben kein Essen bekommen. Vergessen. Aber unter dem Brombeerstrauch raschelt eine Maus.

Hotel Kapitän

„Weshalb ist das Fenster kaputt, und warum hängt mein großer Topf draußen an der Wand?"

Martje sitzt mit einem Schlag senkrecht im Bett.

Die Frau vom Hotel ist zurück. Das Aufpassen ist vorbei.

Die Frau steht neben Martjes Bett. Sie hat schöne Kleider an und duftet gut. Es hört sich an, als wäre sie sauer, doch als Martje noch mal richtig guckt, merkt sie, daß ihr Gesicht überhaupt nicht böse aussieht.

Links neben Martje schläft Wim ruhig weiter. Auf der anderen Seite verschwindet Adri schnell unter der Decke.

„Sie .... Sie sind früh zurück", stottert Martje.

„Wie ist es euch denn ergangen, Schätzchen? Und weshalb ist das Fenster kaputt? Und warum hängt mein größter Topf draußen an der Wand?"

„Ein Einbrecher war hier, und wir haben ein Wort hochgezogen", antwortet Martje.

„Was sagst du da, ein Einbrecher? Du lieber Himmel, ist das wahr, Kind, nein, so was!" Die Frau setzt sich auf den Bettrand und faßt Martje am Arm. Sie ist erschrocken.

Martje erzählt. „Es war so: ich konnte nicht schlafen, weil da ein Geräusch war, und Adri hat gesehen, daß es ein Einbrecher war, und Wim und ich hatten Angst, und Adri ist nach unten gegangen, um ihn zu fragen, was er stehlen wollte, er hat nämlich gedacht, Sie wären verreist und das Hotel stände leer, und er hat nicht gedacht, daß wir da wären, und deshalb ist er wieder weggegangen."

„Habt ihr denn nicht die Polizei gerufen?"

„Nein, dann wären die doch gekommen."

Die Frau lacht. Zum Glück scheint sie es nicht schlimm zu finden. Adri kommt unter der Decke hervor.

„Und der Topf? Ich bin ums Haus gelaufen, um die Katzen zu suchen, und da sehe ich meinen großen Topf an der Hauswand baumeln."

„Laßt mich das erklären", sagt Wim, der inzwischen auch wach geworden ist.

Adri schüttelt den Kopf. „Nein, nicht erklären. Das ist eine Überraschung, eine Überraschung, bei der Sie weinen müssen."

„Oh", kichert die Frau, „dann will ich mal nicht weiter fragen."

„Maria, komm mal her, das mußt du dir angucken."

„Da ist jemand", ruft Martje erschrocken.

„Ein Mann", sagt Wim.

„Aber kein Einbrecher, glaube ich", meint Adri.

„Mein Kapitän", erklärt die Frau. „Er kommt wieder nach Hause, er will keine Bananen mehr verschiffen. Es ist schön gewesen, hat er gesagt, aber jetzt kommt er wieder zu mir zurück. Wir wollen noch mal probieren, ob es nicht doch schön ist, ein Hotel zu haben. Vielleicht kommen ja auch mal nette Leute."

Adri springt aus dem Bett.

„Ich habe noch nie einen richtigen Kapitän gesehen", sagt er und stürmt die Treppe runter. Unten in der Halle steht ein riesiger Mann. Der Mann streckt Adri die Hand entgegen.

Adri gibt ihm die Hand. „Au, nicht so fest", ruft er.

„Maria", brüllt der Kapitän, „was ist das hier für ein mageres Kerlchen? Und jetzt komm doch endlich mal gucken, o pardon, da sind ja noch zwei."

Martje und Wim kommen mit der dicken Frau

die Treppe herunter. Der Mann hält Martje die Hand hin.

„Paß auf, tu es nicht", zischt Adri.

Zu spät.

„Au, nicht so fest", schreit Martje.

„Und das hier ist Wim", stellt die Frau vor.

„Ich möchte bitte nicht so einen festen Händedruck", sagt Wim.

Der Kapitän gibt Wim die Hand.

„Au, nicht so fest", stöhnt Wim.

„Komm, Maria!" Der Kapitän zieht die Frau mit nach draußen. Sie gehen um das Haus herum, und er zeigt nach oben.

Die Frau guckt hoch. Und da sieht sie es.

HOTEL
KAPITÄN

„Oh …", sagt sie nach einer Weile. Sonst nichts. Nur „Oh". Dann drückt sie den Kopf gegen die Schulter des Kapitäns und fängt an zu weinen.

„Vielleicht findet sie es nicht schön", meint Wim.

„Sie findet es wunderschön", beruhigt ihn der Kapitän.

„So weinen sie oft auch bei Hochzeiten oder wenn ein Kind geboren wird", weiß Martje zu berichten.

Dann ist es plötzlich vorbei. Die Frau wischt
sich das Gesicht ab.

„Vielen, vielen Dank für den schönen Namen
an der Wand. Endlich hat unser Hotel seinen
Namen, das werde ich euch nie vergessen",
sagt sie.

„Und vielen Dank fürs Aufpassen", fügt der
Kapitän hinzu. „Wenn ich meine Töpfe alle
wiedergefunden habe, koche ich mal für euch.
Dann müßt ihr in euren schönsten Kleidern
kommen, und dann gebe ich ein Bankett."

„Mögen wir das?" fragt Adri.

„Ein Bankett, nee, das mögen wir nicht", ant-
wortet Wim, „aber essen ist auch gut."
„Ach ja", fällt Adri noch ein, „wegen der
tausend Flaschen Wein, die sind inzwischen
ein bißchen weniger geworden, weil mein
Onkel …"
„Schon gut, Junge", sagt die Frau.
Wenig später kriechen Martje, Adri und Wim
durch die Brombeersträucher. Zurück zu ihrer
Brücke, zurück nach Hause.

anrich:

Abenteuer von Adri, Martje und Wim

Sie sind Freunde und treffen sich fast jeden Tag, unter der
Brücke am Kanal, unter Adris Brücke, wie Martje sie nennt.
Und dort, aber auch auf dem Schrotthof von Adris Onkel,
wo sie eine Woche lang im Wohnwagen kampieren dürfen,
erleben sie jede Menge Abenteuer: Mit ihrem Huhn, mit
einem leeren Faß, beim Spiegeleierbraten und als sie im
Winter den Eisläufern auf dem Kanal warme Hände
verkaufen ...

Liebevoll vergnüglicher Kinderroman
Die Zeit

Von Adri und seinen Freunden erzählt **Wouter Klootwijk** in
den Büchern Adris Brücke und Adris Onkel:
Adris Brücke, 120 Seiten, fest gebunden, ab 8
Adris Onkel, 100 Seiten, fest gebunden, ab 8

anrich:

Alles ist auf einmal anders ...

**Zu Hause essen wir
Affentorte
Von Bettie Elias**
fest gebunden
96 Seiten, ab 8

Achmed liegt in seinem Bett und starrt in die Dunkelheit.
Könnte er doch morgen nur zu Hause bleiben!
Achmed geht nicht mehr gerne in die Schule. Er strengt sich so
an, aber das nützt gar nichts. Der neue Lehrer hat ihn ganz allein
auf die letzte Bank gesetzt. Und für sein schönes Bild hat er nur
eine Vier bekommen. Alles geht schief, und auch seine Freunde
sind irgendwie komisch. Achmed begreift das alles nicht.
Doch allmählich wird ihm klar: es liegt daran, daß er Ausländer
ist.
Und da bekommt er Angst. Ob wenigstens sein Freund Wim zu
ihm halten wird?